ANSELM GRÜN

Dem **Geheimnis** begegnen

Anselm Grün

Dem **Geheimnis** begegnen

Gedanken und Wünsche für die Weihnachtszeit

Vier-Türme-Verlag

Bibliografische Information der Deutschen Nationalbibliothek

Die Deutsche Nationalbibliothek verzeichnet diese Publikation in der Deutschen Nationalbibliografie. Detaillierte bibliografische Daten sind im Internet über http://dnb.d-nb.de abrufbar.

2. Auflage 2018

Lektorat: Andrea Langenbacher
Umschlaggestaltung: Chandima Soysa
Druck und Bindung: CPI Books GmbH, Leck
ISBN 978-3-7365-0083-9

www.vier-tuerme-verlag.de

Und der Engel
sprach zu ihnen:

»Fürchtet euch nicht!
Siehe, ich verkündige euch
große Freude, die allem Volk
widerfahren wird; denn euch ist
heute der Heiland geboren,
welcher ist Christus,
der Herr.«

Zum Geleit

Weihnachten geschieht in der Begegnung. So zeigt es uns der Evangelist Lukas. Ein Engel begegnet Maria und den Hirten. Die Hirten begegnen Maria und Josef und dem Kind. Simeon und Hanna begegnen dem Kind. Und alle werden durch die Begegnung mit dem göttlichen Kind verwandelt.

Wenn wir uns an Weihnachten ein frohes und gesegnetes Fest wünschen, haben diese Wünsche genau darin ihren Ursprung: dass wir selbst dem göttlichen Kind in der Krippe begegnet sind und unser Herz vom Frieden Christi erfüllt worden ist. Dann werden wir auch fähig, einander in neuer Weise zu begegnen.

Deshalb möchte ich in diesem Buch nicht nur die weihnachtlichen Texte meditieren, sondern daraus auch gute Wünsche erschließen, die ich Ihnen mit auf den Weg durch die Advents- und Weihnachtszeit geben will. Zudem finden Sie einige Rituale, die Ihnen helfen können, diese besondere Zeit vertieft zu erfahren.

Tauchen Sie ein in die weihnachtliche Botschaft, die so viele Facetten kennt und heute so aktuell ist wie vor mehr als zweitausend Jahren. Dann kann auch in Ihrem Herzen Weihnachten werden.

Pater Anselm Grün

Die Weihnachtsgeschichte nach Lukas 2,1–20

Es begab sich aber zu der Zeit, dass ein Gebot von dem Kaiser Augustus ausging, dass alle Welt geschätzt würde. Und diese Schätzung war die allererste und geschah zu der Zeit, da Cyrenius Landpfleger von Syrien war. Und jedermann ging, dass er sich schätzen ließe, ein jeglicher in seine Stadt.

Da machte sich auch auf Josef aus Galiläa, aus der Stadt Nazaret, in das jüdische Land zur Stadt Davids, die da heißt Betlehem, darum dass er von dem Hause und Geschlechte Davids war, auf dass er sich schätzen ließe mit Maria, seinem vertrauten Weibe, die ward schwanger.

Und als sie daselbst waren, kam die Zeit, da sie gebären sollte. Und sie gebar ihren ersten Sohn und wickelte ihn in Windeln und legte ihn in eine Krippe; denn sie hatten sonst keinen Raum in der Herberge.

Und es waren Hirten in derselben Gegend auf dem Felde bei den Hürden, die hüteten des Nachts ihre

Herde. Und siehe, des Herrn Engel trat zu ihnen, und die Klarheit des Herrn leuchtete um sie; und sie fürchteten sich sehr.

Und der Engel sprach zu ihnen: »Fürchtet euch nicht! Siehe, ich verkündige euch große Freude, die allem Volk widerfahren wird; denn euch ist heute der Heiland geboren, welcher ist Christus, der Herr, in der Stadt Davids. Und das habt zum Zeichen: Ihr werdet finden das Kind in Windeln gewickelt und in einer Krippe liegen.«

Und alsbald war da bei dem Engel die Menge der himmlischen Heerscharen, die lobten Gott und sprachen: »Ehre sei Gott in der Höhe und Friede auf Erden bei den Menschen seines Wohlgefallens.«

Und da die Engel von ihnen gen Himmel fuhren, sprachen die Hirten untereinander: Lasst uns nun gehen gen Betlehem und die Geschichte sehen, die da geschehen ist, die uns der Herr kundgetan hat.

Und sie kamen eilend und fanden beide, Maria und Josef, dazu das Kind in der Krippe liegen.

Da sie es aber gesehen hatten, breiteten sie das Wort aus, welches zu ihnen von diesem Kinde gesagt war. Und alle, vor die es kam, wunderten sich der Rede, die ihnen die Hirten gesagt hatten.

Maria aber behielt alle diese Worte und bewegte sie in ihrem Herzen. Und die Hirten kehrten wieder um, priesen und lobten Gott um alles, was sie gehört und gesehen hatten, wie denn zu ihnen gesagt war.

Himmel und Erde begegnen sich

Der heilige Augustinus hat in seiner Weihnachtspredigt den Psalmvers ausgelegt:

»Es begegnen einander Liebe und Treue,
Gerechtigkeit und Frieden küssen sich.«

PSALM 85,11

An Weihnachten begegnen Himmel und Erde einander, da küssen sich Himmel und Erde. Indem Gott Mensch wird, küsst er gleichsam die Erde, damit aus der Erde göttliche Frucht wächst.

Es sind die Engel, die diesen Kuss Gottes den Menschen anzeigen. Gott schickt seine Boten, die Engel, um unser Herz für das Geheimnis seiner Liebe zu öffnen, damit auch in unserem Herzen Gott Mensch wird. So möchte ich meine Weihnachtswünsche mit den Engeln verbinden, von denen uns die Weihnachtsgeschichte erzählt.

Der Engel Gabriel kommt zu Maria und verkündet ihr, dass sie ein Kind empfangen wird, das heilig und Sohn Gottes genannt werden wird. Gabriel ist der Verkündigungsengel. Wenn er zu einem Menschen kommt, dann entsteht etwas Neues. Maria wird schwanger vom Wort, das ihr der Engel verkündet. Das Wort trägt Frucht, eine göttliche Frucht, die die ganze Welt verwandeln wird.

Das ist mein erster Wunsch, dass der Engel auch Ihnen ein Kind verheißt, einen neuen Anfang. Das göttliche Kind, das an Weihnachten in Ihnen geboren werden will, steht ja für das ursprüngliche und unverfälschte Bild, das Gott sich von Ihnen gemacht hat. Wenn Sie mit diesem Bild in Berührung sind, dann wird Ihr Leben fruchtbar. Der Engel möchte Sie in Berührung bringen mit dem göttlichen Kind in Ihnen, das eine Quelle von Lebendigkeit und Kraft für Sie ist.

Der Engel kommt zu den Hirten und verkündet ihnen:

»Ich verkünde euch eine große Freude,
die dem ganzen Volk zuteil werden soll.
Heute ist euch in der Stadt Davids der Retter
geboren, der Messias, der Herr.«

LUKAS 2,10f

Die Hirten stehen für uns. Wir sind wie sie einfache Menschen, doch voller Sehnsucht. Und diese Sehnsucht nach Heilung, nach Freiheit und einem wertvollen und sinnvollen Leben spricht der Engel an. Der Engel verkündet auch uns eine große Freude, die alle nächtliche Dunkelheit aus uns vertreiben möchte. Der Grund dieser Freude ist nicht nur das Licht, das uns im Engel umstrahlt, sondern auch seine Botschaft. Der Engel verkündet uns, dass uns in Jesus der Retter geboren ist, der unsere Wunden heilt, der unsere brüchige Lebensgeschichte ganz macht.

Und in ihm ist der Messias zu uns gekommen, der uns befreit von inneren Zwängen, von Angst und Enge. Er ist der Herr, der uns verheißt, dass wir im eigenen Lebenshaus Herr sind und nicht Sklave, dass wir selbst über uns herrschen und uns nicht von anderen Mächten in uns oder außerhalb von uns beherrschen lassen.

Der Engel möge auch in Ihr Leben Freude bringen. Er möge Ihnen das Heilende zeigen, das schon in Ihrer Seele ist. Er möge die Freiheit, nach der Sie sich sehnen, Wirklichkeit werden lassen. Und er möge Sie befähigen, selbst zu leben, statt von den Erwartungen anderer gelebt zu werden.

Im Matthäusevangelium erscheint der Engel dem Josef im Traum. Josef stand vor der Frage, ob er sich von seiner Verlobten Maria trennen soll oder nicht. Mitten in seine Überlegungen hinein spricht ihn ein Engel im Traum an und erklärt ihm, was mit Maria geschehen ist. Und der Engel sagt ihm, was er tun soll. So wünsche ich Ihnen, dass auch Ihnen immer wieder ein Engel im Traum erscheint, um Ihnen eine neue Sichtweise zu schenken.

Wenn Sie Ihr Leben mit den Engelsaugen anschauen, entdecken Sie, was Gott an Ihnen wirken möchte. Und Sie erkennen, welche Schritte Sie tun sollen, damit Ihr Leben heil wird und ganz. Die Verheißung, die der Engel dem Josef verkündet, gilt auch Ihnen: Gott ist der Immanuel, der Gott mit uns. Weihnachten zeigt uns, dass Gott kein ferner Gott ist, sondern einer, der alle unsere Wege mit uns geht, damit unsere Wege gelingen.

Der Engel kommt noch dreimal zu Josef, um ihn auf seinem Weg zu begleiten. Er warnt ihn vor der Gefahr, die dem Kind durch Herodes droht. Und er befiehlt Josef, mit dem Kind und der Mutter nach Ägypten zu fliehen. Dort wird er ihm weitere Weisungen erteilen.

So wünsche ich Ihnen, dass der Engel von Weihnachten Sie bewahrt vor allem, was Sie bedroht und was dieses göttliche Kind in Ihnen töten möchte.

Es gibt genügend Kräfte in uns und um uns, die neidisch sind auf das göttliche Kind in uns. Sie möchten uns zu beherrschbaren Bürgern machen. Sie möchten uns Bilder überstülpen, die uns nicht guttun, Bilder, wie sie die Medien heute als modern propagieren, die aber unserem Wesen als Mensch widersprechen.

Doch Weihnachten heißt, dass Gott jedem Einzelnen von uns eine unantastbare Würde schenkt. Jeder ist ein einzigartiges Bild Gottes.

Und dieses Bild will geschützt werden gegen alle, die in unserer Zeit die Rolle des Herodes spielen möchten.

Der Engel begleitet und behütet uns, damit in uns wirklich Weihnachten werden kann, damit Gott auch in uns geboren wird und wir in Berührung kommen mit diesem einmaligen Bild Gottes in uns. Dann wird unser Leben gelingen. Und die feindlichen Kräfte um uns herum verlieren ihre Macht.

Der Engel erscheint auch den Weisen aus dem Osten. Nachdem sie von einem Stern nach Betlehem geführt worden sind, sagt er ihnen im Traum, sie sollen auf einem anderen Weg zurückkehren. Der Engel, der die Magier aus dem Osten begleitet, begleitet uns auch heute auf allen unseren Wegen.

Ich wünsche Ihnen, dass Sie sich auf Ihren Wegen immer vom Engel begleitet und behütet wissen. Er begleitet Sie auf Ihren täglichen Fahrten mit dem Auto, damit Sie immer wieder gesund und behütet nach Hause kommen. Er begleitet Sie auf Ihren inneren Wegen, auf denen Sie sich oft unsicher fühlen, weil Sie nicht wissen, wohin der Weg Sie führen möchte.

Er möge Ihnen immer wieder den Stern Ihrer Sehnsucht aufstrahlen lassen, damit Sie Ihrer Sehnsucht folgen und dorthin gelangen, wo Ihr Leben aufblüht und zum Segen wird für andere.

Weihnachten heißt, dass Himmel und Erde sich küssen. Wenn Gott Mensch wird, dann erscheint der Himmel auf Erden, dann wird hier auf Erden ein Stück des Himmels sichtbar. In den Engeln, von denen uns die Evangelisten erzählen, kommt auch für uns der Himmel auf die Erde, da fühlen wir uns mitten auf der Erde vom Himmel berührt, vom Himmel geküsst. Gott selbst schickt seinen Engel, damit in uns Weihnachten werden kann, damit in uns Gott geboren wird und wir so von Neuem mit dem einmaligen und unverfälschten Bild in Berührung kommen, das Gott sich von uns gemacht hat.

Ritual

Das Kind umarmen

Die Psychologie spricht heute vom inneren Kind. Jeder hat ein verletztes Kind in sich und ein göttliches Kind. An Weihnachten schauen wir vor allem auf das göttliche Kind in uns. Aber wir können das göttliche Kind in uns nur finden, wenn wir uns zuvor mit dem verletzten Kind in uns versöhnen. Denn das verletzte Kind schreit immer dann auf, wenn wir heute verlassen werden, zu kurz kommen, übersehen werden.

Maria hält auf den Weihnachtsbildern dieses göttliche Kind liebevoll in ihren Armen. So möchte ich Sie einladen zu einem Ritual, das Sie das Geheimnis des göttlichen Kindes in Ihrem Inneren spüren lässt:

Stellen Sie sich aufrecht hin und halten Sie die Hände gekreuzt über der Brust. Wie Maria ihr Kind umarmt, umarme ich zuerst das verletzte Kind in mir. Ich umarme in mir das verlassene Kind, das übersehene Kind, das überforderte Kind, das zu kurz gekommene Kind, das beschämte Kind, das lächerlich gemachte Kind, das vernachlässigte Kind, das abgelehnte Kind.

Und ich stelle mir vor, wie unterhalb des verletzten Kindes das göttliche Kind in mir ist. Dort, wo das göttliche Kind in mir ist, bin ich frei von den Erwartungen und Meinungen der anderen Menschen. Dort bin ich heil und ganz. Dort kann mich niemand verletzen. Dort komme ich in Berührung mit dem ursprünglichen und einmaligen Bild Gottes in mir. Da muss ich mich nicht beweisen. Da darf ich einfach ich selbst sein. Dort bin ich rein und klar. Dort haben die Schuldgefühle keinen Zutritt. Und dort bin ich bei mir selbst daheim.

Genießen Sie das göttliche Kind in sich und spüren Sie den Frieden und die Liebe, die davon ausgehen und Ihren ganzen Leib erfüllen.

Segen

Weihnachten steht vor der Tür.
Gott richte deinen Geist
weg von all den Besorgungen,
die noch anstehen.
Er öffne dein Herz für das Geheimnis,
das wir in wenigen Tagen feiern werden.

Gott will an Weihnachten
einen neuen Anfang mit dir feiern,
da sein Sohn Jesus Christus
aus Maria geboren wird.

So halte alles Alte und Verbrauchte Gott hin,
damit er dich davon befreit.
Halte ihm deine Schuld hin:
alles, was in diesem Jahr nicht so gut war.
Gott möge alles von dir nehmen,
was dich belastet,
damit Weihnachten wirklich
ein neuer Anfang wird.

Er lasse dich neu auf die Menschen zugehen,
mit denen du Weihnachten feierst.

Er erfülle alle Menschen,
die deinen Alltag teilen,
mit dem Geist des neuen Anfangs.

Er befreie auch sie von allem,
was sie belastet,
und zeige ihnen in der Geburt seines Sohnes,
dass sie nicht festgelegt sind
durch die Vergangenheit,
sondern dass Gott täglich neu
mit uns anfängt,
dass seine Liebe alles in uns
neu macht.

Über denen, die im Land der Finsternis wohnen, strahlt ein Licht auf

In der Lesung der Heiligen Nacht heißt es so wunderbar:

»Das Volk, das im Dunkel lebt, sieht ein helles Licht; über denen, die im Land der Finsternis wohnen, strahlt ein Licht auf.«

JESAJA 9,1

Der Prophet Jesaja verheißt den Menschen im Küstenstreifen, der von den Assyrern besetzt und von Israel abgetrennt war, dass eine Wende geschieht, dass Gott sich ihnen auf neue Weise zuwendet. Das Volk erlebte sich in den abgetrennten Gebieten als in Dunkelheit lebend. Alles ist trostlos und hoffnungslos. Solche trostlosen Erfahrungen machen heute viele Menschen, nicht nur in den Bürgerkriegsgebieten in Syrien, Irak und Afghanistan. Auch viele bei uns haben das Gefühl, dass sich die Welt verdunkelt hat. Da ist es ein großer Trost: Gott lässt uns nicht allein. Er greift für uns ein. Und sein Handeln für uns ist wie ein helles Licht, das alles in uns erleuchtet. So ist mein erster Wunsch, dass Gott denen, die in Finsternis und im Schatten des Todes wandeln, als Licht aufleuchten möge, dass in ihr Leben neue Hoffnung einströmen möge.

Die Evangelisten Matthäus und Lukas haben diese Worte des Propheten Jesaja in ihren Evangelien zitiert. Matthäus sieht dieses Wort erfüllt im Auftreten Jesu in Galiläa (Matthäus 4,14–17). Da predigt Jesus, dass das Himmelreich nahe ist. Gott hat sich nicht zurückgezogen. Er ist auch uns nahe. In seinem Sohn Jesus Christus ist er uns nahe gekommen als ein Licht, das alles Dunkle in uns erleuchtet. Matthäus ist überzeugt, dass in den Worten Jesu Gottes Licht für uns aufleuchtet.

So ist mein Wunsch für Sie, dass die Worte Jesu für Sie Licht werden auf Ihrem Weg.

Ich habe immer wieder die Erfahrung gemacht, dass ein Wort Jesu, wenn ich es in mein Herz fallen lasse, auf einmal zu einem Licht wurde. Obwohl in meinem Kopf vieles weiterhin dunkel und nebulös war, wurde mir auf einmal alles klar. Ich sah tiefer. Und in der Tiefe waren auf einmal Licht und Klarheit. Diese innere Klarheit inmitten der Unklarheit dieser Welt wünsche ich Ihnen von Herzen. Dann können Sie Ihren Weg voller Zuversicht weitergehen.

Der Evangelist Lukas zitiert die Worte des Propheten Jesaja im Lobgesang des Zacharias:

»Durch die barmherzige Liebe
unseres Gottes wird uns besuchen das
aufstrahlende Licht aus der Höhe,
um allen zu leuchten, die in Finsternis sitzen und im Schatten des Todes, und unsere Schritte zu lenken auf den Weg des Friedens.«

LUKAS 1,78f

Für Lukas wird die Verheißung des Propheten in der Geburt Jesu erfüllt. Da leuchtet uns in dem kleinen Kind in der Krippe Gottes barmherzige Liebe auf. In der Geburt Jesu macht

Gott sein Herz auf. Seine Liebe besucht uns. Sie kommt dorthin, wo wir sind, in unsere Dunkelheit und in den Nebel unseres Lebens, in dem wir nicht mehr durchblicken und uns nicht mehr auskennen.

So wünsche ich Ihnen, dass Sie an Weihnachten in dem Kind in der Krippe das Licht erkennen, das alles Dunkle in Ihrem Herzen erleuchten möge.

Oft erleben wir uns selbst als dunkel. Wir trauen uns nicht, in unser Inneres zu schauen. Wir meinen, da würden wir nur dem Chaos und der Finsternis begegnen. Weihnachten ist die Verheißung, dass alles Finstere in uns erhellt wird durch die Liebe Gottes, die uns in dem Kind in der Krippe besucht, die genau dort hinein geht, wo wir wohnen. Und diese Liebe will für immer bei uns bleiben. Sie hält es mit uns aus, damit wir uns selbst aushalten können.

Das Licht, das der Prophet Jesaja dem Volk in den verlassenen Gebieten verheißt, zeigt sich darin, dass Gott jeden dröhnenden Soldatenstiefel verbrennt. Die Waffen des Krieges werden eingeschmolzen. Die Schwerter werden zu Winzermessern. Diese Verheißung will uns heute Hoffnung schenken, dass die Waffen nicht das letzte Wort haben, dass Gott auch heute die Macht der Waffen zerbricht und einen Weg des Friedens für uns schafft. Der Evangelist Lukas hat diese Verheißung im Lobgesang des Zacharias aufgegriffen: Die Liebe Gottes möge uns nicht nur als Licht erscheinen, sondern möge auch unsere Schritte lenken »auf den Weg des Friedens« (Lukas 1,79).

Mein nächster Wunsch geht in diese zerrissene und von Kriegen erschütterte Welt: Gott möge Licht in die verhärteten Herzen der verfeindeten Gruppen bringen und sie Wege zum Frieden lehren. Und Gottes Licht, das in Jesu Geburt aufleuchtet, möge auch in uns Frieden schaffen.

Wir sind oft innerlich zerrissen, weil wir vieles in uns ablehnen, was unserem Idealbild von uns widerspricht. Der Friede von Weihnachten bedeutet, dass wir in Einklang kommen mit allem, was in uns ist. Das griechische Wort für Frieden, »eirene«, kommt aus der Musik und meint, dass alles in uns harmonisch zusammenklingt.

Das ist ein weiterer Wunsch für Sie, dass der weihnachtliche Frieden, der in Jesus auf die Erde kommt, alle hohen und tiefen, alle lauten und leisen Töne in Ihnen zum Klingen und in Einklang bringen möge. Dann werden Sie auch zusammenklingen mit den Menschen um Sie herum.

Die Begründung, dass Gottes Licht unsere Finsternis erhellt und sein Friede diese Welt erfüllt, sieht der Prophet in der Verheißung eines Kindes:

»Denn uns ist ein Kind geboren, ein Sohn ist uns geschenkt. Die Herrschaft liegt auf seiner Schulter; man nennt ihn: Wunderbarer Ratgeber, Starker Gott, Vater in Ewigkeit, Fürst des Friedens.«

JESAJA 9,4

In dem Kind Jesus schenkt uns Gott seinen eigenen Sohn. Gott selbst tritt ein in unsere Welt. Deshalb wächst in uns die Hoffnung, dass diese Welt heller und heiler wird, friedlicher und versöhnter.

Lassen Sie diese Worte aus dem Buch des Propheten Jesaja in sich eindringen. Sagen Sie nicht: zu schön, um wahr zu sein. Tun Sie einfach einmal so, als ob diese Worte von dem Kind als Friedensfürst stimmten. Wenn das stimmt, was Gott mir da an Weihnachten zuspricht, wie fühle ich mich dann? Wie sehe ich dann diese oft so dunkle Welt?

Ich wünsche Ihnen, dass die Botschaft von Weihnachten Sie mit der Hoffnung erfüllt, dass die Zusagen Gottes, die wir an Weihnachten in vielen Texten hören, stimmen. Sie sind keine Illusionen. Und wenn diese Worte stimmen, dann steckt in ihnen die Kraft, unser persönliches Leben und unsere Welt zu verwandeln. So wünsche ich Ihnen, dass das Fest Dunkelheit in Licht, Erstarrung in Lebendigkeit, Angst in Vertrauen und Zwietracht in Eintracht verwandelt.

Durchdrungen von Licht

An Weihnachten kommt das Licht Gottes auf die Erde, um unsere Dunkelheit zu erleuchten. Dunkelheit bedeutet immer auch Orientierungslosigkeit: Wir wissen nicht, wie wir leben sollen. Und Finsternis bedeutet immer auch Kälte: Manchmal ist es in unseren Herzen kalt geworden. Die Liebe ist erkaltet.

An Weihnachten feiern wir das Licht, das in Jesus für immer diese Welt erleuchtet. Daher zünden wir Kerzen am Christbaum an. Die Kerzen, die das dunkle Zimmer erhellen, erfüllen es mit einem milden Licht. Das milde Licht der Kerze beurteilt nicht. Es beleuchtet alles, aber es leuchtet nicht alles aus. Es ist ein angenehmes Licht, ein Licht, das uns sein lässt, wie wir sind. Es ist ein Licht, das von Milde und Liebe geprägt ist. Daher haben die Menschen ein Urbedürfnis, um Weihnachten herum in ihren Häusern Kerzen anzuzünden. Sie wollen damit bekennen, dass das Licht stärker ist als alle Dunkelheit, dass durch Weihnachten unser Leben heller und wärmer geworden ist.

Zünden Sie eine Kerze an und schauen Sie auf das milde Licht dieser Kerze. Es will alles in Ihnen erhellen, sodass Sie sich mit Wohlwollen anschauen können. Und die Wärme dieses Lichtes will alle Kälte aus Ihrem Herzen vertreiben.

Stellen Sie sich vor, wie dieses Licht Ihren ganzen Leib durchdringt, dass Sie selbst ganz Licht werden und ganz und gar von Liebe durchdrungen werden.

Gottes Geschenk

Alles, wonach wir uns sehnen, hat uns Gott in Betlehem erfüllt: dass unser Leben gelingt, dass es gesegnet, dass es von Licht und Liebe erfüllt ist. Diese Weihnachtswünsche wollen all das, was Gott uns in der Geburt seines Sohnes geschenkt hat, in Ihr Leben hinein übersetzen.

So ist mein erster Wunsch, dass Gott auch mit Ihnen einen neuen Anfang feiert. In der Geburt seines Sohnes hat er in der Welt einen neuen Anfang gesetzt. Alles, was schiefgelaufen ist in der menschlichen Geschichte, ist durch die Geburt Jesu erneuert worden. So möchte Gott auch in uns alles erneuern. Die Geburt Jesu verheißt uns, dass wir nicht festgelegt sind durch die Erfahrungen der Vergangenheit. Wir sind nicht festgelegt durch die Verletzungen, die wir erlitten haben. Wir sind nicht festgelegt durch das Scheitern, durch verpasste Chancen, durch zerbrochene Lebensträume. Die Geburt Jesu möchte Ihnen sagen: Gott feiert auch mit Ihnen einen neuen Anfang. Er möchte, dass Sie alles hinter sich lassen, was Sie am Leben hindert. Ganz gleich, wie Ihr Leben bisher gelaufen ist, Sie dürfen die alten Träume von einem erfüllten Leben wieder neu träumen. Gott wird Ihnen Ihren tiefsten Lebenstraum erfüllen. Vielleicht ist mancher Traum in Ihnen zerbrochen. Aber zerbrochen ist immer nur die äußere Konkretisierung Ihres Traumes. Das, was Gott sich von Ihnen erträumt hat, das kann nicht zerbrechen. In Jesus Christus hat Gott Ihren Traum vom erfüllten Leben für Sie neu geträumt. Und er zeigt Ihnen, dass Jesus auch in Ihnen alles erneuert, heil und ganz macht. Jesus bringt Sie in Berührung mit der Essenz Ihres Lebenstraumes. Wagen Sie also, Ihre alten Träume neu zu träumen. Gott wird sie Ihnen auf ungeahnte Weise erfüllen.

Der zweite Wunsch, den ich Ihnen zuspreche, betrifft die Menschwerdung. Gott ist in Jesus Christus Mensch geworden, damit Sie Mut finden, selbst Mensch zu werden. Sie denken: Was Menschwerdung bedeutet, das weiß ich längst.

Ich bin doch schon ein Mensch. Natürlich sind Sie ein Mensch. Aber sind Sie wirklich schon der Mensch geworden, zu dem Gott Sie berufen hat?

Gott zeigt uns in der Menschwerdung seines Sohnes, wie es geht, wahrhaft Mensch zu werden. Auch wir müssen hinabsteigen zur Erde, zu unserer eigenen Erdhaftigkeit. Gott wird Mensch im Stall von Betlehem. Mitten im Durcheinander unseres Alltags geschieht unsere Menschwerdung. Alles, was wir täglich tun, soll vom Licht Gottes erfüllt und durchdrungen werden. Und Mensch werden heißt, erst wieder Kind werden, mit dem göttlichen Kind in uns in Berührung kommen. Das göttliche Kind in uns weiß genau, was für uns stimmig ist. Das göttliche Kind in der Krippe macht uns Mut, dem göttlichen Kind in uns zu trauen und all die Stimmen zurückzuweisen, die wir von außen hören und die uns vorschreiben wollen, wie wir sein sollen.

In Ihnen ist das göttliche Kind, das Ihnen den Weg zeigt, wie Sie wahrhaft Mensch werden können. Sie müssen sich vor anderen nicht wie ein Gott aufspielen. Wenn Sie es wagen, Kind zu werden, dann werden Sie der einmalige und einzigartige Mensch, zu dem Gott Sie berufen hat.

Mein dritter Weihnachtswunsch bezieht sich auf den Frieden, der an Weihnachten von Gott her auf die Erde kam. In einer Zeit, in der alle Welt den Friedenskaiser Augustus feierte, der diesen Frieden mit Waffengewalt durchsetzte, kommt Gottes Frieden in der wehrlosen Gestalt eines Kindes auf die Erde.

Wahrer Friede entsteht dort, wo es die Liebe wagt, ohnmächtig vor der menschlichen Macht zu erscheinen. Denn gerade als ohnmächtiges Kind zerbricht Jesus all die Mechanismen, die hier auf Erden den Frieden behindern: die Angst vor der Macht des anderen, das Streben nach Sicherheit, das Sich-Verschanzen hinter Mauern. Die Engel zeigen uns mit ihrem himmlischen Gesang, wie der Friede auch für uns entstehen kann:

»Ehre sei Gott in der Höhe
und Friede auf Erden den Menschen
seines Wohlgefallens.«

LUKAS 2,14

Wenn wir Gott die Ehre geben, dann finden wir hier auf Erden Frieden. Wenn wir Gott Gott sein lassen, dann kommt der Mensch in den Frieden. Wenn Gott im Mittelpunkt steht, kommt der Mensch in seine Mitte. Und wenn er in seiner Mitte ist, dann ist er im Frieden mit sich und mit den Menschen. Dann braucht er andere nicht mehr zu entwerten oder zu bekämpfen, sondern kann sie sein lassen in ihrem Wert. Er wird dann nicht nur Gott, sondern auch den Menschen die Ehre erweisen, die ihnen von Gott her zukommt. Und so wird Friede sein.

Mein vierter Wunsch: dass die Geburt Jesu Christi im Stall von Betlehem Sie an die Gottesgeburt im eigenen Herzen erinnert. Die Mystiker sprechen von der Geburt Gottes in unserer Seele. Damit meinen sie: Wenn Gott in uns geboren wird, dann kommen wir in Berührung mit dem ursprünglichen und unverfälschten Bild, das Gott sich von jedem einzelnen von uns gemacht hat.

Die Gottesgeburt ist auch die Geburt des göttlichen Bildes in uns. Dadurch lösen sich all die Bilder auf, die wir uns übergestülpt haben:

etwa die Bilder unseres Größenwahns, dass wir immer perfekt, immer gut drauf, immer erfolgreich sein müssen, dass wir immer alles im Griff haben müssen. Und es lösen sich die Bilder unserer Selbstentwertung auf, dass wir nicht richtig, dass wir für andere unzumutbar sind. Auch die Bilder, die andere uns aufgesetzt haben, etwa die Erwartungen unserer Eltern oder der Gesellschaft, werden zurückgedrängt.

An Weihnachten kommt in der Gottesgeburt in unserer Seele das einmalige Bild Gottes in seinem wahren Glanz zur Geltung. Unser wahres Selbst beginnt zu leuchten. Und wir sind dankbar für die einmalige Gestalt, in die Gott uns hineingeformt hat.

Mein fünfter Wunsch betrifft die Liebe. In der Geburt Jesu ist uns Gottes Liebe aufgeleuchtet. So schreibt Johannes in seinem ersten Brief:

»Die Liebe Gottes wurde unter uns dadurch offenbart, dass Gott seinen einzigen Sohn in die Welt gesandt hat, damit wir durch ihn leben.«

I JOHANNES 4,9

Die Weihnachtsbilder lassen uns diese theologische Aussage erspüren. Sie atmen eine Atmosphäre der Liebe. Von dem göttlichen Kind geht ein mildes Licht der Liebe aus, das alle Umstehenden erhellt: Maria, Josef, die Hirten und die Weisen aus dem Osten. So wünsche ich Ihnen, dass Sie die Weihnachtsbilder mit diesem Blick der Liebe anschauen. Dann werden Sie sehen, dass das göttliche Kind auch Sie mit Liebe anblickt.

Das göttliche Kind spüren

Das göttliche Kind ist in dir. In dir ist eine Quelle der Liebe, die nie versiegt. Du kannst diese Liebe in dir leibhaft wahrnehmen, wenn du deine Hände in die Brustmitte legst und dir vorstellst, dass das göttliche Kind in dir ist. Und in dem göttlichen Kind ist Gottes unendliche Liebe in dir. Diese Liebe kann dir nicht genommen werden, selbst wenn dir eine menschliche Liebe zerbricht oder zerrinnt. Trau dieser göttlichen Liebe in dir. Sie ist zärtlich wie ein Kind. Sie ist milde. Sie verwandelt dich. Aber sie ist auch sehr zart. Du kannst sie nicht festhalten. Du musst sie zärtlich wiegen wie ein Kind. Dann wirst du spüren, wie auch deine Augen von Liebe erfüllt werden. Du wirst die Menschen um dich herum mit einem Blick der Liebe anschauen und auch in ihnen die Liebe entdecken, die dir vor ihnen entgegenkommt.

Segen

Der barmherzige und gute Gott,
der in dem Kind in der Krippe
ein menschliches Antlitz angenommen hat,
segne dich.

Er erfülle dein Herz mit Freude
über die Geburt des Kindes,
die auch dir verheißt,
dass alles gut wird
mit dir und in dir.

Er schenke dir
die zärtliche Liebe des Kindes,
damit du alles, was in dir ist,
liebevoll annehmen kannst
und deine Familie,
deine Freunde und Freundinnen
mit den Augen der Liebe
anschauen kannst.

Das milde Licht
der weihnachtlichen Kerzen
erleuchte dir dein Haus
und vertreibe daraus
alles Harte und Verurteilende.

Der Friede, den die Engel
an Weihnachten verkündeten,
möge sich auch über dein Haus legen
und alle, die in diesem Hause sind,
miteinander verbinden.

Der Engel der Zuversicht begleite dich
auf all deinen Wegen
und stärke dich bei allem,
was du in die Hand nimmst.

Sei gesegnet und behütet,
sei getrost und voller Hoffnung.

Die segnende Hand Gottes
sei immer über dir
und schütze dich.

Sie gebe dir die Gewissheit,
dass dein Leben gelingt,
dass Gott alles Vergangene,
das dich belastet,
von dir nimmt
und dass er dir immer wieder
einen neuen Anfang schenkt.

Gott mit uns

Der Evangelist Matthäus erzählt als Erster von der Geburt. Sein Evangelium beginnt mit dem Stammbaum Jesu. Er will uns damit sagen: Gott ist in Jesus in unsere menschliche Geschichte eingetreten und heilt die Geschichte – nicht nur die Geschichte der Menschheit, sondern auch die ganz persönliche Lebensgeschichte mit ihren Höhen und Tiefen, mit ihrem Scheitern, ihren Umwegen und Irrwegen.

So wünsche ich Ihnen das Vertrauen, dass Jesus auch Ihre Lebensgeschichte mit all den Verletzungen, die Sie mitbekommen haben, heilt. Weihnachten sagt Ihnen: Trotz aller Brüche, Irrwege und Umwege ist meine Geschichte eine Heilsgeschichte, in der die heilende Kraft Jesu Christi stärker ist als alles Zerstörerische.

Josef, dem Verlobten Marias, erscheint ein Engel im Traum. Er deutet ihm, was mit Maria geschehen ist, dass das Kind, das sie gebären wird, vom Heiligen Geist kommt. Und er nennt den Namen des Kindes: einmal Jesus, der sein Volk von seinen Sünden erlösen wird, und zum anderen Immanuel. Das heißt: Gott ist mit uns.

Das ist mein zweiter Wunsch: dass der Engel auch Ihnen im Traum erscheint und Ihnen zeigt, dass Gott mit Ihnen ist. Gott ist mit Ihnen auch dort, wo Sie ihn nicht spüren. Und Gott ist mit Ihnen als der, der Sie befreit von allen Schuldgefühlen und Selbstvorwürfen, die Sie sich machen. So wünsche ich Ihnen den Glauben an die vergebende Liebe Gottes, die uns in Jesus Christus erschienen ist, damit Sie fähig werden, sich selbst zu vergeben und sich anzunehmen – auch dort, wo Sie sich als unannehmbar erfahren.

Matthäus berichtet uns vom Zug der Magier aus dem Osten. Die Weisen aus dem Osten kommen, um Jesus anzubeten und zu bekennen, dass in diesem Kind in der Krippe die Weisheit von Ost und West, von Süd und Nord vereinigt ist. Die Magier bringen dem Kind in der Krippe im Gold ihre Liebe, im Weihrauch ihre

Sehnsucht und in der Myrrhe ihre Hoffnung auf Heilung ihrer Wunden.

So wünsche ich Ihnen, dass Sie mit den Magiern vor diesem Kind in der Krippe niederfallen, es anbeten und in der Anbetung sich selbst einmal vergessen können. Indem Sie sich selbst vergessen, weil Sie von etwas Größerem fasziniert sind, werden Sie wahrhaft frei von allem Kreisen um sich selbst und der Frage, was andere von Ihnen denken. Weihnachten möchte Sie befreien von allem Sich-Vergleichen, damit Sie vor dem göttlichen Kind ganz zu sich selbst finden.

Der Engel erscheint dem Josef ein zweites Mal und befiehlt ihm, das Kind und seine Mutter zu nehmen und nach Ägypten zu fliehen. Der Engel befreit das Kind aus dem Machtbereich des grausamen Herodes.

So wünsche ich Ihnen, dass Weihnachten Sie befreit von den negativen Einflüssen Ihrer Umgebung, dass Sie sich geschützt wissen von dem Engel, der Sie umgibt und der darüber wacht, dass das Kind in Ihnen heranwachsen kann. Und ich wünsche Ihnen, dass Sie geschützt sind vor dem Herodes in Ihnen selbst, vor der destruktiven Stimme in Ihrem Inneren, die Ihnen das eigene Sein nicht gönnt.

Als Herodes gestorben war, erscheint der Engel dem Josef ein drittes Mal. Er verkündet ihm, dass er zurückkehren soll nach Judäa. Und unterwegs kommt der Engel nochmals zu Josef, um ihn vor dem grausamen Herrscher in Judäa zu warnen. Er solle lieber nach Galiläa wandern. Dort wird er Schutz erfahren.

Das ist mein nächster Weihnachtswunsch an Sie: Der Engel möge über Ihnen wachen und Sie auf die Gefahren aufmerksam machen, die Ihnen von außen drohen. Und der Engel möge Sie sicher dorthin führen, wo Sie sich geborgen und geschützt fühlen, damit das göttliche Kind in Ihnen sich entfalten kann, dass Sie in Ihrer Umgebung, in der Sie leben, Sie selbst sein dürfen.

Umgeben von Engeln

An Weihnachten ist die Grenze zwischen Himmel und Erde aufgehoben. Da verbinden Engel Gott mit den Menschen. Nicht umsonst schmücken wir an Weihnachten unsere Häuser mit Engeln. Engel zeigen uns, dass Gott uns nahe ist, dass er uns begleitet in den konkreten Geschäften unseres Alltags, dass er uns im Traum Weisung gibt, dass er uns beschützt, unsere Verschlossenheit aufbricht und unser Herz für Gott öffnet.

Engel umgeben uns. Engel sind leicht, sie lassen uns das Leben leichter nehmen. Engel spielen, damit wir spielerischer umgehen mit uns selbst und unserem Leben.

Engel vermitteln uns einen zarten Hauch göttlicher Liebe. Wir sind zu jeder Zeit umgeben von Engeln, die in unserem Herzen das Lob Gottes erklingen lassen, die uns erahnen lassen, dass der Gott in der Höhe auch bei uns auf der Erde ist und uns seinen Frieden schenken möchte.

Überlege dir, wo du schon einmal deinen Schutzengel erfahren hast. Wo hat er dich vor einem Unfall behütet oder vor größerem Schaden beschützt? Und wer war für dich schon Engel? Wer hat dir genau im richtigen Augenblick ein Wort gesagt, das dich aufgerichtet hat?

Engel können Menschen sein, die uns ansprechen. Engel können aber auch Impulse sein, die wir in uns hören, jedoch häufig wieder wegschieben. Versuche jetzt, auf die Impulse in dir zu hören. Vielleicht spricht da auch ein Engel zu dir.

Und vielleicht drängt dich der Engel, dass du selbst zum Engel für andere wirst. Wenn du deinem inneren Impuls folgst, wirst du für andere zum Engel. Du kannst damit nicht angeben. Aber du darfst manchmal dankbar erfahren, dass du mit deinen Fehlern und Schwächen für diesen konkreten Menschen in diesem Augenblick zum Engel geworden bist.

Segen

Vertraue darauf,
dass Gott mit dir ist,
dass sein Engel dich begleitet
und vor allen Gefahren schützt.

Das göttliche Kind,
das Bild, das Gott sich von dir gemacht hat,
soll immer klarer in dir aufstrahlen,
zum Segen für dich und die Welt.

Für Gott ist nichts unmöglich

An Weihnachten feiern wir Gottes Handeln in seinem Sohn. Als die Menschen sich selbst verloren hatten, als sie an ihrem wahren Wesen immer vorbeilebten, da hat Gott die Initiative ergriffen und seinen Sohn gesandt. In ihm hat er seinen Traum vom Menschen auf neue Weise geträumt, damit wir an Jesus sehen, wie wahres Menschsein aussieht.

Und so feiern wir an Weihnachten ein heilendes Fest: Gott selbst erneuert unser Menschsein. Er pflanzt seinen göttlichen Samen in unser Herz, damit alles in uns von seiner göttlichen Liebe durchdrungen wird.

Wenn wir die Weihnachtsgeschichten in den Evangelien nach Matthäus und Lukas meditieren, dann stoßen wir auf die Verwandlung negativer Emotionen in positive Gefühle. Die Gefühle, die uns die Evangelisten in den Akteuren der Weihnachtsgeschichte beschreiben, entdecken wir auch in uns selbst.

Wir leiden oft an Gefühlen wie Angst und Neid, Zweifel, Eifersucht, Depression und Minderwertigkeitsempfinden. So möchte ich die Weihnachtsgeschichte bewusst einmal auf dem Hintergrund der Emotionen und ihrer Verwandlung und Heilung meditieren.

Da ist der Zweifel als eine Emotion, die uns oft am Leben hindert. Wir zweifeln alles an. Wir sind misstrauisch, wenn uns jemand lobt. Wir zweifeln daran, ob er es wirklich ernst meint. Das typische Beispiel für den Zweifel ist Zacharias. Auf die Botschaft des Engels Gabriel antwortet er voller Zweifel. Er zweifelt daran, dass Gott ihm und seiner Frau noch einen Sohn zu schenken vermag. Er traut Gott nicht zu, was der Engel ihm versprochen hat. Solche Zweifel kennen wir alle. Wir bitten Gott um Hilfe, aber wir zweifeln, ob er uns wirklich helfen wird. Wir trauen Gott nicht zu, dass er auf uns schaut und sich um uns und unsere innere Erstarrung kümmert.

Die Antwort, die die Weihnachtsgeschichte auf den Zweifel des Zacharias gibt, wird uns in Maria sichtbar. Maria erhält eine noch größere Verheißung durch den Engel. Doch sie ist bereit zu glauben. Sie traut Gott zu, dass er erfüllen wird, was der Engel ihr versprochen hat. Maria wird von Lukas als Vorbild des Glaubens beschrieben. Sie lässt sich auf das Abenteuer mit Gott ein. Sie weiß nicht, was sie erwartet. Aber sie vertraut darauf, dass Gott es gut mit ihr meint und Großes mit ihr vorhat. Der Engel selbst erleichtert ihr dieses Vertrauen, indem er ihr verkündet:

»Für Gott ist nichts unmöglich.«

LUKAS 1,37

Auf dieses Wort hin stellt sich Maria Gott zur Verfügung. Sie drückt ihr bedingungsloses Vertrauen in Gottes Fügung aus mit dem berühmten Satz:

»Siehe, ich bin die Magd des Herrn.
Mir geschehe, wie du es gesagt hast.«

LUKAS 1,38

Während Zacharias an Gottes Hilfe zweifelt, zweifelt Josef an der Liebe und Treue seiner Verlobten. Sein Zweifel in der Partnerschaft führt dazu, dass er sich von Maria, seiner Verlobten, in aller Stille trennen möchte. Da braucht er einen Engel, der ihm im Traum erscheint. Zacharias wehrt sich gegen die Botschaft des Engels mit seinen männlichen Argumenten. Im Traum kann sich Josef nicht wehren. Da überwindet der Engel die Abwehrmechanismen des männlichen Verstandes, der sich gegenüber Gottes Wirken oft mit umständlichen Begründungen abschirmt. Im Traum kann sich der Mann nicht wehren. Da verwandelt der Engel das Denken des Mannes. Da dringt er in sein Unbewusstes ein und verändert von der Tiefe her die Haltung des Mannes.

Ehen enden oft, weil beide Partner sich vor dem anderen rechtfertigen oder dem anderen Vorwürfe machen. Wir verstehen den anderen nicht. Die Distanz zum anderen wird so groß, dass wir wie Josef meinen, wir müssten uns vom anderen trennen.

Da brauchen wir auch einen Engel, der die Tiefe unserer Seele berührt, dort wie die Quelle der Liebe in uns strömt. Der Engel bringt uns im Traum in Berührung mit der inneren Quelle der Liebe. Unterhalb der Zweifel am anderen ist in uns ein tiefes Wissen um die Liebe, die uns miteinander verbindet. Es ist eine menschliche Liebe, aber zugleich eine Liebe, die von Gottes Liebe durchdrungen ist. Indem wir die Liebe spüren, lösen sich die Zweifel am anderen auf.

Lukas erzählt uns von der Verkündigung des Engels an die Hirten. Die Hirten galten in Israel als Menschen zweiter Klasse. Oft litten sie an dieser Zurücksetzung. Sie fühlten sich minderwertig. Das schneidet sie ab von der Gemeinschaft mit den Menschen. Sie hüten nachts ihre Herden. Tagsüber haben sie wenig mit den Menschen zu tun. Wir kennen das alle, dass wir uns vor den anderen minderwertig fühlen und uns daher zurückziehen. Da braucht es auch einen Engel, der uns mit der Freude und dem Licht in uns in Berührung bringt.

Als der Engel die Hirten mit dem Glanz des Herrn umhüllte, fürchteten sie sich. Da sagt der Engel zu ihnen:

»Fürchtet euch nicht, denn ich verkünde
euch eine große Freude, die dem ganzen Volk
zuteil werden soll.«

LUKAS 2,10

Der Engel befreit sie von ihrem Minderwertigkeitsgefühl. Er verwandelt es in Freude und Zuversicht. Jetzt wagen es die Hirten, sich auf den Weg zu machen zu den Menschen.

Die Hirten finden Maria und Josef und das Kind. Und sie erzählen, »was ihnen über dieses Kind gesagt worden war« (Lukas 2,17). Sie legen ihr Minderwertigkeitsgefühl ab und beginnen von dem zu erzählen, was sie in der Nacht erlebt haben: dass ihnen ein Engel erschienen ist.

»Und alle, die es hörten,
staunten über die Worte der Hirten.«

LUKAS 2,18

Sie, die kaum zu sprechen wagten, reden jetzt so, dass alle über ihre Worte staunen. Sie denken nicht mehr an ihre Minderwertigkeit. Sie sind voll von dem, was sie erlebt haben. Sie sind von Gott gewürdigt worden, dass der Engel zuerst zu ihnen kam und ihnen die Frohe Botschaft von der Geburt des Messias verkündete. Wenn wir aufhören, uns mit anderen zu vergleichen, wenn wir wie die Hirten auf das schauen, was Gott uns schenkt, dass Gott uns einen Engel schickt, dann verwandelt sich unser Minderwertigkeitsgefühl in Vertrauen. Wir entdecken auf einmal unsere Würde. Und diese Entdeckung ist begleitet von einer großen Freude. Gott traut auch uns zu, das wir – trotz unserer Minderwertigkeitsgefühle – anderen Menschen die Frohe Botschaft verkünden, dass wir ihnen etwas von dem erzählen, was wir erlebt haben, wo Gott uns in unserem Leben begegnet ist.

Die negativsten Gefühle, die uns die Weihnachtsgeschichte vor Augen hält, repräsentiert der König Herodes. Der mächtige König hat Angst vor einem Kind. Er ist neidisch und eifersüchtig auf das Kind, das die Weisen aus dem Osten anbeten möchten. Sie sprechen von dem neugeborenen König der Juden. Das macht dem König Angst. Ein Kind könnte seine Herrschaft auflösen. Seinen Neid zeigt er nicht offen, sondern indem er hinterhältig handelt. Er tut nach außen so, als ob er das Kind anbeten möchte. In Wirklichkeit will er es töten. Als die Weisen aus dem Osten seinen Willen nicht erfüllen, wird er zornig und gibt den Befehl, alle Kinder bis zum Alter von zwei

Jahren zu töten. In seinem Zorn wird er grausam und brutal. Herodes ist das Gegenbild des göttlichen Kindes, das wir an Weihnachten anbeten. Er erinnert uns an die negativen Gefühle, die wir auch in uns kennen.

Wir sind neidisch, wenn ein anderer mehr Gaben und Fähigkeiten hat als wir. Wir sind eifersüchtig, wenn die Menschen einen anderen uns vorziehen und ihn bewundern statt uns. Und wir haben Angst, dass andere uns über den Kopf wachsen, das sie fähiger sind als wir. Neid, Eifersucht und Angst führen auch bei uns zu einem intriganten und brutalen Verhalten.

Wir feiern Weihnachten, damit auch in uns der König Herodes mit seinen Intrigen entmachtet wird, damit auch unsere Gefühle von Neid, Eifersucht, Zorn und Angst verwandelt werden in Vertrauen, Liebe und Dankbarkeit. Das göttliche Kind wird auch in uns geboren. So brauchen wir uns nicht vor anderen aufzuspielen wie Herodes. Wir haben durch die Geburt Christi eine göttliche Würde erhalten. Anstatt andere zu entwerten, freuen wir uns auch an ihrer Würde, weil Gott uns allen in Christus eine göttliche Würde geschenkt hat.

Herodes löst mit dem Kindermord in Betlehem Weinen und Klagen aus. Matthäus spricht von einem Weinen, das sich nicht trösten lassen will (Matthäus 2,18). Es ist die Trauer um die getöteten Kinder. Wir kennen die Trauer, wenn liebe Menschen uns entrissen werden. Wir kennen aber auch die Trauer über unsere zerbrochenen Lebensträume. Auch diese Gefühle wie Traurigkeit, Depression und Verzweiflung sollen an Weihnachten verwandelt werden. Wir halten unsere depressiven Gefühle Gott hin und vertrauen darauf, dass das milde Licht, das von dem Kind in der Krippe ausstrahlt, unsere dunklen Gefühle erhellt und verwandelt. Denn an Weihnachten erfüllt sich die Verheißung des Propheten Jesaja:

»Das Volk, das im Dunkel lebte, hat ein helles Licht gesehen; denen, die im Schattenreich des Todes wohnten, ist ein Licht erschienen.«

MATTHÄUS 4,16; JESAJA 9,1

So wünsche ich Ihnen, dass das Licht, das uns in der Geburt Jesu Christi aufgeleuchtet ist, alle Dunkelheit in Ihnen erleuchte und dass die Liebe und der Friede, die im Antlitz des göttlichen Kindes aufstrahlen, Ihre Gefühle von Zweifel, Scham, Minderwertigkeit, Neid, Eifersucht, Angst und Traurigkeit verwandeln. Möge die Liebe Gottes, die in Jesus Christus ein menschliches Antlitz bekommen hat, immer tiefer in Ihr Herz eindringen und Sie mit Freude, Friede, Vertrauen, Hoffnung und Liebe erfüllen.

Neue Bilder

In der biblischen Geschichte kommt ein Engel zu Zacharias und verkündet ihm, dass seine Frau Elisabeth, die schon alt ist, ein Kind gebären wird. Zacharias zweifelt daran, und so lässt ihn der Engel verstummen.

Zacharias muss still werden, damit er alle Bilder loslassen kann, die er von sich und von seiner Frau hat. Nur wenn er die Bilder loslässt, kann Neues entstehen, kann seine alte Frau schwanger werden, kann er selbst innerlich neu werden.

Der Advent ist die Zeit der Stille. Ich lade dich zu einem Ritual ein:

Schließe deine Augen und versuche, innezuhalten und dich zu fragen: Welche Bilder habe ich von mir, von den Menschen in meiner Umgebung? Wo lege ich sie fest? Dann stelle dir vor, dass du all diese Bilder loslässt, dass du für dich selbst und für die Menschen, mit denen du lebst, neue Möglichkeiten zulässt. Welche neuen Bilder entstehen da in dir, was traust du dir und den Menschen in deiner Umgebung zu?

Ich verkünde euch eine große Freude

Lukas hat uns die wunderbare Weihnachtsgeschichte erzählt, die uns in jedem Jahr neu berührt. Er beginnt die Geburtsgeschichte Jesu mit der Verkündigung des Engels an Zacharias. Der Engel verheißt dem alten Ehepaar Zacharias und Elisabeth, dass sie ein Kind bekommen sollten. Doch Zacharias zweifelt. Er kennt seine alte Frau. Da ist nichts mehr zu erwarten. Da wird sich nichts mehr ändern. So denken wir auch oft übereinander.

Da muss ein Engel kommen, der uns wie Zacharias verstummen lässt. Zacharias muss seine Vorurteile und Meinungen über seine Frau verstummen lassen, um im Schweigen offen zu werden für das Neue, das in ihr entstehen will.

So ist mein erster Wunsch an Sie, dass Sie dort, wo Sie leben, mit neuen Augen auf die

Menschen schauen, dass Sie frei werden von alten Festlegungen und Vorurteilen und ihnen zutrauen, dass Gott auch in ihnen etwas Neues wachsen lässt. Das wird Ihre Beziehungen befruchten.

Maria traut dem Engel. Sie lässt sich von ihm erklären, was in ihr werden soll.

»Der Heilige Geist selbst wird über dich kommen und die Kraft des Höchsten wird dich überschatten.«

LUKAS 1,35

Sie wird ein Kind gebären, das von Gott kommt. Denn für Gott ist nichts unmöglich. So wünsche ich Ihnen, dass auch Sie Gott zutrauen, das Unmögliche in Ihnen möglich zu machen. Denken Sie nicht zu klein von sich. Gott möchte auch in Ihnen Fleisch annehmen. Er möchte in Ihnen geboren werden, damit Sie das einmalige Bild Gottes in sich erkennen. Wenn Sie dieses Bild Gottes in sich spüren und leben, dann wird Ihr Leben aufblühen und fruchtbar werden. Dann können Sie mit Maria singen:

»Gott hat auf mich unbedeutenden Menschen geschaut. Und er hat Großes an mir getan«

VGL. LUKAS 1,48f

Als Jesus in Betlehem geboren war, verkündete ein Engel den Hirten die Frohe Botschaft:

»Fürchtet euch nicht, denn ich verkünde euch eine große Freude. Heute ist euch in der Stadt Davids der Retter geboren, der Messias, der Herr.«

LUKAS 2,10f

Ich wünsche Ihnen, dass Weihnachten Ihnen alle Angst vor der Zukunft nimmt. Sie sollen sich nicht fürchten, denn Gott selbst ist zu Ihnen gekommen in Jesus. Er ist bei Ihnen als Retter und Heiland, als der, der Ihre Wunden heilt und der Ihr wahres Selbst bewahrt und beschützt. Und er ist der Messias, der Sie befreit aus allen inneren und äußeren Zwängen. Und Jesus ist der Herr.

Wenn Jesus in Ihnen Herr ist, wenn er in Ihnen herrscht, dann sind Sie wahrhaft frei, dann werden Sie ganz Sie selbst. Sie sind frei von dem Druck, sich beweisen zu müssen. Dann machen Sie sich keine Gedanken, wie die Menschen in Zukunft über Sie denken. Sie dürfen einfach sein, so klar und rein wie das göttliche Kind in der Krippe.

Nach dem einen Engel, der den Hirten die große Freude verkündet, kommen auf einmal ganz viele Engel, die einen Chor bilden und das weihnachtliche Lied der Freude singen:

»Ehre sei Gott in der Höhe und Friede auf Erden bei den Menschen seines Wohlgefallens.«

LUKAS 2,14

Ich wünsche Ihnen, dass an Weihnachten der Himmel über Ihnen aufgeht und Sie in dem Kind in Marias Schoß etwas von Gottes Schönheit schauen. Von der Schönheit der weihnachtlichen Bilder möge etwas Heilendes für Ihr Herz ausgehen und die Schönheit des Festes möge Freude in Ihnen hervorrufen.

Und ich wünsche Ihnen, dass Sie sich von Gott geliebt und angenommen fühlen – das bedeutet: Gnade – und in Ihrem Herzen einen tiefen Frieden spüren. Dieser Friede möge sich auch über Ihre Familie und Ihren Freundeskreis breiten, ja, über die ganze Welt. Beten wir an Weihnachten, dass Gottes Friede trotz aller Kriegsschauplätze auf dieser Erde am Ende mächtiger ist als der Streit und die Zwietracht.

Die Hirten eilten auf die Botschaft des Engels zur Krippe und erzählten Josef und Maria, was sie vom Engel gehört hatten. Und alle staunten über ihre Worte.

So wünsche ich Ihnen an Weihnachten gute Gespräche. Ich wünsche Ihnen, dass Sie einander erzählen, was Sie in diesem Jahr von Gott oder vom Engel gehört und erfahren haben, dass Sie miteinander ins Gespräch kommen über das, was Ihr Herz bewegt, über das Geheimnis von Weihnachten und über das Geheimnis Ihres Lebens.

Und ich wünsche Ihnen, dass Sie wie Maria dann all die Worte, die Sie voneinander hören, in Ihrem Herzen bewahren, dass die Worte Ihr Herz berühren und es öffnen für das Geheimnis, das uns an Weihnachten umgibt. Wenn Sie offen sind für dieses Geheimnis, dann sind Sie bei sich selbst daheim und dann entsteht um Sie herum Heimat für alle Menschen, denen Sie begegnen. Denn zu Hause sein kann man nur, wo das Geheimnis wohnt.

Einander neu begegnen

Die schwangere Maria macht sich auf den Weg, um Elisabeth zu besuchen. Weihnachten ist ein Fest der Begegnung. Wir sollen uns wie Maria auf den Weg machen, um über das Gebirge zu gehen, über die Berge von Vorurteilen und inneren Vorbehalten anderen gegenüber. Nur so können wir wirklich beim anderen ankommen.

Und wenn wir beim anderen ankommen, dürfen wir vertrauen, dass sich in ihm etwas bewegt. Aber wie Elisabeth sollen wir in jedem Menschen, dem wir an Weihnachten begegnen, auch in den Mitgliedern unserer eigenen Familie, Christus selbst sehen. Wir sollen mit Elisabeth sprechen:

»Wer bin ich, dass die Mutter meines Herrn zu mir kommt?«

LUKAS 1,43

Dann werden wir Weihnachten wirklich als Fest der Begegnung und als Fest der Familie feiern können. Dann werden wir uns an Weihnachten auf neue Weise begegnen.

Stelle dir die einzelnen Mitglieder deiner Familie vor. Du weißt über jeden etwas. Aber gehe über das hinaus, was du von jedem weißt. Jeder Mensch ist auch ein Geheimnis. Jeder und jede trägt Christus in sich. Die innerste Mitte von jedem und jeder ist Christus.

Dann stelle dir vor: In jedem ist ein guter Kern, in jedem steckt die Sehnsucht, gut zu sein. Jeder ist Bruder oder Schwester Jesu. In jedem ist ein heiliger Raum, in dem Gott selbst wohnt. Zu diesem heiligen Raum haben auch die Fehler dieses Menschen keinen Zutritt. Da ist er heilig und einmalig und ursprünglich.

Wenn du dir so jeden und jede aus deiner Familie vorstellst, dann überlege, wie du ihnen heute und in den nächsten Tagen begegnen möchtest. Du kannst dich jetzt im Rahmen dieses Rituals vor jedem und jeder tief verneigen. Und später, wenn du mit jemandem sprichst, stelle dir vor, wie du dich innerlich verneigst. Dann wirst du ihnen heute wirklich anders begegnen.

Segen

Der gütige und barmherzige Gott segne dich.
Er erfülle dich mit der Liebe,
die in seinem Sohn aufgeleuchtet ist.

Der Blick auf das göttliche Kind in der Krippe
bringe dich in Berührung
mit dem göttlichen Kind in deiner eigenen Seele,
mit dem göttlichen Kind, das voller Liebe ist,
das im Einklang ist mit sich selbst,
das frei ist von den Erwartungen
und Urteilen anderer Menschen.

Das göttliche Kind erneuere dein Leben
und schenke dir Frieden mit dir selbst
und mit den Menschen.

Es öffne deine Augen,
dass du dieses göttliche Kind
auch in den Familienmitgliedern und Freunden
erkennen kannst.

So segne dich Gottes menschgewordene Liebe,
damit du anderen in Liebe begegnen
und die Liebe in ihnen wecken kannst.

Gott segne dich,
damit du für andere zum Segen wirst.

Das Wort, das im Anfang war

Johannes spricht in seinem Evangelium vom Wort, das im Anfang war und durch das alles geschaffen wurde. Dieses Wort ist für Johannes Licht. Es erhellt unser Leben.

So ist mein erster Weihnachtswunsch, dass Sie die Worte der Bibel, die Sie in der Weihnachtszeit hören, in Ihr Herz fallen und sich davon berühren lassen. Dann wird sich Ihr Leben aufhellen. Sie werden Ihr Leben auf einmal verstehen, auch wenn es manchmal dunkel und unverständlich erscheint. Das Wort, das Gott zu uns spricht und das er durch den Mund Jesu auf einmalige Weise zu uns gesprochen hat, will uns den Sinn unseres Lebens erschließen. So wünsche ich Ihnen, dass Sie sich von den Worten Jesu angesprochen fühlen als diese einmalige Person, die Sie sind, und dass

Sie in diesen Worten das Licht und die Liebe Jesu spüren.

Das Wort kam in der Person Jesu zu uns Menschen, die durch Gottes Wort geschaffen worden sind.

»Aber die Seinen nahmen ihn nicht auf.
Allen aber, die ihn aufnahmen, gab er Macht,
Kinder Gottes zu werden.«

JOHANNES 1,11f

Kinder Gottes: Dieses Bild, so sagt Johannes, drückt unsere Würde aus. Und es zeigt uns, dass wir in Gott unseren Grund haben und nicht in der Anerkennung der Menschen. Ich muss nicht tun, was die anderen tun, nicht haben, was die anderen haben. Kind Gottes zu sein heißt für mich: Ich bin ich. Ich bin einmalig. Ich muss mich nicht vor anderen beweisen oder rechtfertigen und ich muss nichts vorweisen. Ich darf einfach sein. In diesem einfachen Sein habe ich Teil an Gott, der das reine Sein ist.

So wünsche ich Ihnen, dass Sie vom Kind in der Krippe das reine Sein lernen, einfach da zu sein, ohne einen Kommentar zu sich selbst zu geben, einfach zu sein wie das Kind, einfach zu sein wie Gott.

»Und das Wort ist Fleisch geworden
und hat unter uns gewohnt.«
JOHANNES 1,14

Das Wort Gottes will auch in uns Fleisch annehmen. Im Credo singen wir:

»Et incarnatus est de Spiritu Sancto ex Maria virgine et homo factus est.« –
»Es ist Fleisch geworden durch den Heiligen Geist von der Jungfrau Maria und ist Mensch geworden.«

Der Geist kommt in das Fleisch. Nur so werden wir Mensch. An Weihnachten feiern wir, dass Gottes Geist unser Fleisch, unseren Leib durchdringt. Unser Leib ist nicht etwas rein Materielles. Er ist beseelt. Aber er ist noch mehr: Gottes Geist selbst will in unserem Leib wohnen und für die Menschen sichtbar werden. So wünsche ich Ihnen, dass Sie sich selbst lieben können in Ihrem Leib, auch dann, wenn dieser Leib schwach und krank ist und Ihnen Schmerzen bereitet, und dass Sie daran glauben können, dass Gottes Geist in Ihrem Leib wohnt und so Ihrem Leib eine göttliche Würde schenkt.

»Und das Wort ist Fleisch geworden ...
und wir haben seine Herrlichkeit gesehen.«
JOHANNES 1,14

An Weihnachten schauen wir die Herrlichkeit, die Schönheit Gottes in Jesus. Die Künstler aller Zeiten haben uns wunderbare Weihnachtsbilder geschenkt. In ihnen leuchtet etwas von der Schönheit Gottes auf. Die Schönheit Gottes spiegelt sich in der Schönheit Marias, die wiederum die Schönheit ihres Kindes betrachtet.

Wenn wir die Schönheit Gottes auf den Weihnachtsbildern betrachten, können wir darin unsere eigene Schönheit entdecken. Jeder Mensch ist schön, wenn er sich selbst liebevoll anschaut. Hässlich ist nur der Mensch, der sich selbst hasst.

Der russische Schriftsteller Fjodor Dostojewski sagte, er müsse wenigstens ein Mal im Jahr die Schönheit der Sixtinischen Madonna anschauen, um seinen oft tristen Alltag bewältigen zu können.

Ich wünsche Ihnen, dass an Weihnachten die Schönheit Gottes in den weihnachtlichen Bildern, in der Weihnachtsmusik, in den festlichen Gottesdiensten und in Ihrem häuslichen Weihnachtsschmuck Ihrer Seele guttut, dass die Schönheit Gottes Ihre Wunden heilt und Ihren Alltag verwandelt.

Viele Menschen erleben Gott als abwesend. Sie können sich nichts vorstellen unter Gott. Oder sie haben gebetet, aber Gott ist fern geblieben. Wer ist dieser Gott? Der Evangelist Johannes schreibt dazu:

»Niemand hat Gott je gesehen.
Der Einzige, der Gott ist und am Herzen des Vaters ruht, er hat Kunde gebracht.«

JOHANNES 1,18

An Weihnachten wird Gott sichtbar in einem Kind, das in der Krippe liegt. Dieses Kind hat uns Kunde gebracht von Gott. In Jesus erkennen wir, dass Gott ein menschliches Herz hat, dass er sein Herz für uns geöffnet hat.

So wünsche ich Ihnen, dass Sie an Weihnachten Gott erfahren dürfen als den nahen

Gott, als den Gott, der zu Ihnen herabsteigt in Ihr Herz, der auf dem Grund Ihrer Seele wohnt. Und ich wünsche Ihnen, dass Sie an Weihnachten Gott als Liebe erfahren, die Ihr Herz berührt und wärmt, und als Heimat, die Ihnen Geborgenheit schenkt.

Heimat

Was feiern wir an Weihnachten? Wir feiern die Geburt Jesu Christi, in dem Gott selbst Mensch geworden ist. Viele können mit den alten Glaubenssätzen nicht viel anfangen. Doch wenn sie das göttliche Kind in der Krippe anschauen, das auf den Bildern alter Meister die einzige Lichtquelle ist, die die Gesichter der Umstehenden erleuchtet, dann steigt eine Ahnung auf, dass die Welt durch das Kommen Jesu Christi menschlicher und heller geworden ist.

Wenn Gott selbst in diesem hilflosen Kind in unsere Welt kommt, dann wird sie uns zur Heimat. Heimat kann man nicht mit bequemen Möbeln allein schaffen. Zu Hause sein kann man nur, wo das Geheimnis wohnt. An Weihnachten feiern wir das Geheimnis, dass Gott selbst zu uns gekommen ist und unseren oft banalen Alltag mit seiner heilenden und liebenden Gegenwart erfüllt. Darum schmücken wir an Weihnachten unsere Häuser. Wir bekennen, dass sie etwas bergen, das größer ist als wir.

Betrachte in der Weihnachtszeit einmal in Ruhe eine Krippe bei dir zu Hause oder in einer Kirche. Und stelle dir vor, dass vom Kind in der Krippe ein Leuchten ausgeht, das dich und dein Leben, deine Umgebung und die ganze Welt erhellen kann. Lasse dieses Geheimnis in dir wirken, gib ihm eine Heimat.

Segen

Die Bilder von der Krippe,
die Bilder Marias,
die ihr neugeborenes Kind
liebend in den Armen hält
oder anbetend vor ihm kniet,
zeigen dir Gottes zärtliche Liebe.

Diese Liebe kommt nicht mit Macht.
Sie ist wie ein kleines Kind,
das in unseren Armen liegt.
Das göttliche Kind ist nicht nur
in der Krippe
im Stall von Betlehem.
Es ist auch in deinem Herzen.

So mögest du nicht nur daran glauben,
sondern es auch erfahren,
dass das göttliche Kind in dir ist,
dass dein Herz von Liebe erfüllt ist,
weil Gott selbst in ihm geboren wird.

Wenn Gott in dir geboren wird,
erkennst du deine eigene Würde.

Gott wagt es, im Stall deines Herzens
geboren zu werden,
um dich in deiner Alltäglichkeit
und Banalität daran zu erinnern,
dass in dir ein Geheimnis wohnt,
das größer ist als du selbst.

Von der Güte und der Menschenfreundlichkeit Gottes

Unser Novizenmeister Pater Augustin erzählte uns von der Weihnachtsbotschaft, die der katholische Philosoph Peter Wust an Weihnachten 1939 seinen Studenten in einem Brief von seinem Krankenbett aus schrieb. Peter Wust litt an Kehlkopfkrebs. Er konnte nicht mehr sprechen. So schrieb er seinen Studenten, was ihn bewegte und was ihm, dem Philosophen, die zentrale Botschaft von Weihnachten war.

In dieser Zeit, in der die Nazis alle Werte christlicher Kultur außer Kraft gesetzt und mit Füßen getreten haben, erinnert Peter Wust seine Studenten an den Satz aus dem Titusbrief:

»Erschienen ist die Güte und
Menschenfreundlichkeit Gottes,
unseres Retters.«

TITUS 3,4

Im Griechischen steht hier »philanthropia«. Es bedeutet: Liebe zum Menschen. In Jesus Christus ist die Liebe erschienen, die Gott zum Menschen hat. Aber es ist auch die Liebe, die Jesus den Menschen gezeigt hat.

Im Lateinischen heißt es »humanitas«. In Jesus ist das wahre Bild vom Menschen, ist die wahre Humanität erschienen. Humanität steht für die edle Menschlichkeit, für eine feine Herzensbildung. In der Aufklärungszeit hat man die wahre Humanität im Anschluss an die griechische Philosophie verkündet. Die Nationalsozialisten haben in einem Land, in dem es viele Humanisten gab, in dem die humanistische Bildung groß geschrieben wurde, alle Menschlichkeit zerstört und den Unmenschen propagiert.

Auch heute noch werden menschliche Würde und das Bild des wahren und edlen Menschen mit Füßen getreten. Daher wünsche ich allen meinen Leserinnen und Lesern, dass sie in dem Kind in der Krippe den wahren Menschen erkennen, den Menschen, der keine Gewalt braucht, der allein durch seine Liebe die Herzen der Menschen bewegt. Das ist das Paradox von Weihnachten, dass dieses ohnmächtige und hilflose Kind mehr in der Geschichte bewirkt hat als der Friedenskaiser Augustus, der mit Waffengewalt die damalige Welt befriedet hat, und mehr als alle Herrscher und Machthaber dieser Welt.

Der Titusbrief nennt Jesus den Retter, der uns von falschen Bildern des Menschen befreit und Garant ist für das wahre und authentische Bild des Menschen. So wünsche ich Ihnen, dass Sie im Blick auf das Kind in der Krippe darauf vertrauen, dass dieses Kind mit seiner Menschenfreundlichkeit unsere kalte Welt verwandelt und mit mehr Güte und Herzenswärme erfüllt. Und ich wünsche Ihnen die Hoffnung, dass das wahre Bild des Menschen, das in diesem Kind aufleuchtet, sich immer mehr durchsetzt auch in unserer unmenschlichen Welt.

Der Titusbrief hat noch ein anderes Bild von Weihnachten vor Augen:

»Die Gnade Gottes ist erschienen, um alle Menschen zu retten. Sie erzieht uns dazu, … besonnen, gerecht und fromm in dieser Welt zu leben, während wir auf die selige Erfüllung

unserer Hoffnung warten: auf das Erscheinen der Herrlichkeit unseres großen Gottes und Retters Christus Jesus.«

TITUS 2,11–13

In Jesus ist die Gnade Gottes auf Erden erschienen. Gnade meint zugleich Anmut und Schönheit. In dem Kind in der Krippe leuchtet Gottes Schönheit auf. Und Gnade meint immer auch Liebe. Es ist eine liebenswerte Schönheit, eine Schönheit, die in uns Liebe weckt. So wünsche ich Ihnen, dass Sie im Blick auf das Kind in der Krippe die Liebe in Ihrem eigenen Herzen wahrnehmen, die das schöne Kind in Ihnen auslöst.

Jesus wird vom Titusbrief als »Pädagoge«, als Erzieher beschrieben. Jesus erzieht uns, dass wir in dieser Welt richtig leben. Das richtige Leben beschreibt der Brief in den Begriffen der damaligen hellenistischen Philosophie: besonnen, gerecht und fromm. Wir sollen die Wirklichkeit richtig einschätzen, richtig nachsinnen über die Welt. Und wir sollen für die Gerechtigkeit in der Welt eintreten und uns selbst und den Menschen um uns herum gerecht werden. Frömmigkeit meint die richtige Beziehung zu

Gott. Nur wenn wir für Gott offen sind, werden wir auch angemessen mit den Menschen umgehen. Zu diesem guten Leben will Jesus uns erziehen. Und er will uns zugleich hinweisen, dass er nicht nur als Kind in unsere Welt gekommen ist, sondern dass er im Glanz seiner Herrlichkeit für uns erscheinen wird.

Wir schauen nicht nur zurück auf die Geburt Jesu, sondern sehnen uns danach, dass dieser Jesus seine Herrlichkeit der ganzen Welt offenbart. Dann kann die Welt nicht anders, als sich in Gottes Liebe zu ergeben. Dann kann sie nicht anders, als die wahre Humanität zu leben. Weihnachten will in uns die Sehnsucht nach der wahren Humanität stärken.

Wir sollen darauf vertrauen, dass dieses Kind in der Krippe nicht ohnmächtig bleibt, sondern dass von ihm eine Bewegung ausgeht, die die ganze Welt mit Liebe und Güte erfüllt. Der Schreiber des Titusbriefs ist überzeugt, dass die Gnade Gottes, die in Jesus erschienen ist, uns zu neuen Menschen macht. Wir werden im Bad der Wiedergeburt zu neuen Menschen. Und der Heilige Geist wird uns vollständig erneuern. Weihnachten ist der Beginn dieser Erneuerung des Menschen.

So wünsche ich Ihnen ein gesegnetes Weihnachtsfest. Das Fest möge Sie mit Hoffnung erfüllen, dass die Humanität Jesu sich durchsetzt gegen alle Inhumanität, dass die Liebe Jesu allen Hass dieser Welt überwindet, dass die Schönheit, die in Jesus aufstrahlt, auch heute die Menschen in ihrem Herzen berührt und in ihnen eine neue Liebe weckt, die diese Welt verwandelt.

Und ich wünsche Ihnen, dass dieses Weihnachtsfest in Ihrem Herzen und in den Herzen der Menschen einen neuen Geist erzeugt, der Sie zu einem neuen Menschen macht.

Mögen Sie dem neuen Leben trauen, das in Jesus erschienen ist. Die Gnade Gottes ist erschienen in dieser Welt. Man kann sie nicht mehr totschweigen. Vertrauen Sie darauf, dass die Erscheinung dieser liebenden Schönheit Gottes in Jesus Christus sich immer mehr durchsetzt und unsere Welt heiler und schöner werden lässt.

Wie neugeboren

Wir feiern an Weihnachten unseren eigenen Anfang. Das heißt: Wir sind nicht festgelegt durch unsere Vergangenheit. Wir haben Fehler gemacht in der Vergangenheit. Wir sind verletzt worden. Manche meinen, wegen der Verletzungen und wegen ihrer Fehler hätten sie nicht mehr die Chance, neu anzufangen. Aber in uns allen ist die Sehnsucht, neu anzufangen, das Alte einfach mal hinter uns zu lassen, nicht ständig um die Verletzungen oder um die verpassten Chancen der Vergangenheit zu kreisen.

Heute feiern wir Weihnachten. Heute ist ein neuer Anfang möglich. Es ist nie zu spät anzufangen. Weihnachten ist die Einladung, heute einen neuen Anfang zu setzen und das zu leben, wovon wir schon lange geträumt haben, was wir uns aber immer verboten haben, weil wir zu klein von uns dachten.

Und an Weihnachten feiern wir unsere eigene Würde. Gott ist Mensch geworden, damit der Mensch vergöttlicht wird, damit er am göttlichen Leben Anteil hat. Wir sind nicht nur von der Erde genommen. Gott ist zu uns hinabgestiegen, um alles Menschliche und Erdhafte in uns mit seiner göttlichen Liebe und seinem göttlichen Leben zu durchdringen.

Stelle dir vor, wie du am Tag deiner Geburt daliegst, nackt, noch nicht festgelegt. Dein Leben liegt noch vor dir. Keiner schreibt dir vor, wie du leben sollst. Von Gott her bist du unsagbar frei. Du bist das reine Bild, das Gott sich von dir gemacht hat. Keine Prägung liegt auf dir. Du bist frei von den Erwartungen, Wünschen, Projektionen, die andere auf dich werfen.

Stelle dir vor: So frei wie damals sieht Gott dich auch heute noch. Gott bindet dich nicht, er legt dich nicht fest. Gott möchte heute mit dir neu anfangen. Gott ist immer der ewig neue Gott. Wenn Gott in dir geboren wird, wird alles neu. Und du kannst dein Leben neu ordnen, du kannst die Beziehungen neu gestalten. Du bist frei von der Last der Vergangenheit.